el viaje

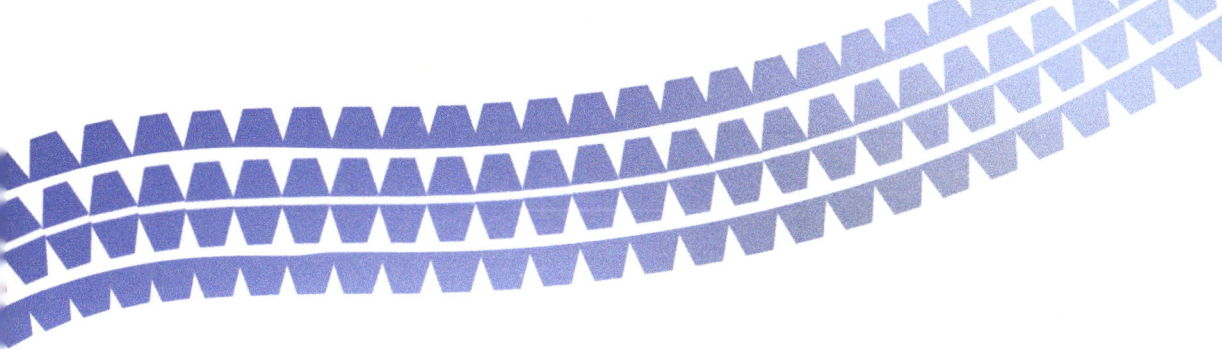

el viaje

descubriendo la salud
emocional y espiritual después
de la discapacidad

Jenny Smith, M.Ed.

Significant Publications

El viaje:
Descubriendo la salud emocional y espiritual después de la discapacidad
Publicado por Significant Publications
Louisville, Kentucky
Copyright © 2024 por Jenny Smith. Todos los derechos reservados.

ISBN (libro en rústica): 978-1-7370867-6-5
ISBN (libro electrónico): 978-1-7370867-7-2

Título en inglés: *The Journey: Discovering Emotional and Spiritual Health after Disability*
© 2024 por Jenny Smith
Publicado por Significant Publications

Todos los derechos reservados. Ninguna porción de este libro podrá ser reproducida, almacenada en ningún sistema de recuperación, o transmitida en cualquier forma o por cualquier medio —mecánicos, fotocopias, grabación u otro—, excepto por citas breves en revistas impresas, sin la autorización previa por escrito de la editorial. Para solicitar permisos, póngase en contacto con Jenny@JennySmithRollsOn.com.

Este libro de trabajo no pretende sustituir a los servicios profesionales médicos o de salud mental. Si necesita ayuda especializada, acuda a un profesional cualificado.

Traducción: Marina Lorenzín
Adaptación del diseño al español: Jenneth Dyck

Número de control de la Biblioteca del Congreso:

Este libro puede comprarse al por mayor para uso promocional, educativo o comercial. Para más información, envíe un correo electrónico a Jenny Smith a Jenny@JennySmithRollsOn.com.

Índice

Introducción 9
¿Por qué dedicar tiempo a reflexionar? 13
    Actividad: Línea de tiempo 16
Nombra tus pérdidas 21
El viaje del duelo 27
    Actividad: Lamento (opcional) 37
Cambio y transición 43
Paradoja 51
Estrés, trauma y estrategias de afrontamiento 57
Mantén tu vaso lleno 71
Encuentra el sentido y el propósito 75
Conclusión 81
Apéndice 1: Programa sugerido para grupos 85
Apéndice 2: Introducción y reglas del grupo 87
Referencias 89
Sobre la autora 91

Nota para el lector

En este libro de trabajo se utiliza el término discapacidad para englobar una condición física que altera el estilo de vida de una persona o su interacción con el entorno que le rodea. Esto incluye, pero no se limita a, parálisis, pérdida de visión o audición, enfermedad de Parkinson, dolor crónico, esclerosis múltiple, Crohn o colitis ulcerosa, distrofia muscular, lesión cerebral, artritis, amputaciones y trastornos neurológicos o autoinmunes. Algunas personas nunca reciben un diagnóstico para los síntomas que afectan significativamente su vida.

Introducción

Durante más de una década, trabajé con personas que viven y realizan sus labores en el extranjero en un contexto intercultural. A raíz de esto, deben aprender un nuevo idioma y cultura. Experimentan la pérdida de amigos y familiares y pueden perder la conexión con sus queridas tradiciones. Deben aprender un nuevo sistema de gobierno, salud y transporte.

Lo conocido se vuelve desconocido. Innavegable.

El simple hecho de superar un día puede ser un desafío y una pequeña victoria. Todo lleva más tiempo. Más trabajo. Más concentración. Más energía.

Ayudé a mis compañeros de trabajo sin discapacidades a identificar estos desafíos y a lamentar sus pérdidas. Pero el proceso no termina en el duelo. En última instancia, el objetivo es que las personas prosperen en su nuevo entorno. Deben encontrar nuevas actividades que disfruten y compañeros con quienes puedan relacionarse. Hacer nuevos amigos, dominar el idioma y aprender a vivir sin sus delicias favoritas, como las chispas de chocolate o la mantequilla de maní. Al hacerlo, pasan de lo desconocido a lo familiar.

Un día, estaba sentada frente a la computadora para asistir a una capacitación sobre adaptación cultural. De repente, me di cuenta de los paralelos entre vivir transculturalmente y hacer la transición a una vida con una discapacidad.

¿Quién ayuda a las personas con lesiones de la médula espinal y otras discapacidades en la transición a una nueva forma de vida?

Apagué la cámara en medio de la capacitación. Me sentí angustiada por las miles de personas que navegan por el nuevo mundo de la discapacidad sin apoyo.

Mi experiencia con la discapacidad empezó cuando tenía dieciséis años, tras sufrir una lesión medular C6-7 que me dejó paralizada del pecho para abajo y sin poder utilizar las manos. Había entrado en el mundo de la discapacidad sin formación sobre cómo sobrevivir.

Cuando una persona sufre una lesión de la médula espinal u otra discapacidad, también tiene que aprender un nuevo lenguaje de terminología médica. Muchos pierden relaciones cercanas con amigos y familiares. Las tradiciones se pierden. Cada día puede resultar abrumador. La vida es difícil, requiere más energía y todo lo que hacemos lleva más tiempo. Se necesita tiempo para comprender la asistencia gubernamental, la atención médica y el transporte. Celebramos las victorias más pequeñas, pero nuestra comida favorita puede estar fuera de nuestro alcance, literalmente.

¿Por qué no había visto los paralelismos antes?

Los trabajadores interculturales que apoyé tuvieron meses de entrenamiento y preparación antes de mudarse. Programamos intencionalmente tiempo para hablar sobre su salud emocional y espiritual en su nueva ubicación.

Pero una discapacidad ocurre sin previo aviso. No tenemos formación ni preparación para hacer esta transición. No aprendemos sobre la pérdida ni cómo hacer el duelo. Lo físico eclipsa lo emocional.

Este libro de trabajo te brindará herramientas para afrontar el impacto emocional de una discapacidad física.

Emprendamos juntos este viaje. Recorreremos los caminos de la salud emocional y espiritual en esta tierra extranjera llamada Discapacidad.

¿Por qué dedicar tiempo a reflexionar?

Tengo un gran respeto por el pasado. Si no sabes de dónde vienes, no sabes adónde vas.

— *Maya Angelou* —

Tras una discapacidad, accidente o diagnóstico inesperados, puede parecer que nuestro viaje cobra vida propia. Los médicos dan diagnósticos desconocidos y aterradores. La familia, si tienes la suerte de contar con una familia que te apoye, está preocupada por tu futuro (y el de ellos). Quizás recuerdes cuando el neurocirujano te dijo con toda naturalidad: "Tienes una lesión de la médula espinal. La posibilidad de una recuperación total es poco probable". O un especialista que dijo: "Tu condición solo seguirá empeorando".

Cualesquiera que sean las circunstancias, lo más probable es que a continuación se produjera una oleada de actividad. Cirugía. Pruebas diagnósticas. Terapia física y ocupacional. Tu casa puede resultar inaccesible y desconocida. Experimentas muchas pérdidas y pocas ganancias. La verdad de esta vida inesperada se vuelve demasiado real. Es una carga demasiado pesada para llevarla solo.

Si bien puede haber arrebatos de ira, frustración, tristeza y desesperación, la atención se centra en nuestro cuerpo físico. Se ofrece poco tiempo (o se dispone de él) para procesar lo que experimentamos internamente.

Dediquemos un tiempo a reflexionar sobre este viaje inesperado. Reflexionar es una oportunidad para procesar tus pensamientos y sentimientos. Es una oportunidad para recordar los acontecimientos, las relaciones y las emociones con honestidad y preguntarse cómo las circunstancias actuales te han cambiado. Porque *eres* diferente. Tus habilidades físicas pueden ser diferentes. Es posible que tu identidad, tu trabajo y tus relaciones hayan cambiado.

Recordar y reflexionar sobre la historia de nuestro viaje puede ayudarnos a mirar hacia atrás, para poder avanzar en esta vida inesperada. ¿Qué podemos aprender de nuestra experiencia que nos haga más resilientes? ¿Podemos nombrar lo que hemos perdido? ¿Sabemos qué nos apena? ¿O hemos enterrado esos sentimientos porque no ha habido tiempo (o ganas) de procesarlos?

Puede que no lo veas ahora, pero este viaje merece el tiempo y el esfuerzo.

Preguntas de reflexión personal

- ¿Qué esperas lograr o recibir de este tiempo de reflexión?

- ¿Qué pensamientos y/o emociones tienes cuando piensas en este proceso?

- ¿Hay algo que te impida ser sincero contigo mismo, con los miembros del grupo o con las personas cercanas acerca de tu viaje?

Actividad: Línea de tiempo

Antes de que podamos determinar hacia dónde vamos, debemos mirar hacia atrás y ver dónde hemos estado. Una línea de tiempo es una forma de iniciar el proceso de reflexión.

En una hoja grande de papel o cartulina, crea una línea de tiempo del período que deseas procesar. Utiliza una computadora o tableta con dispositivos de asistencia, si es necesario. Si necesitas ayuda para completar la línea de tiempo, pídele a alguien de confianza que te ayude. Puedes comenzar con tu lesión o diagnóstico o un momento anterior a ese evento.

> *Puntos a incluir:*
>
> - acontecimientos significativos (eventos personales, de salud, laborales, nacionales e internacionales)
> - cambios en las relaciones (amistades, familia, citas, matrimonio, divorcio, condición espiritual)
> - cambios de ubicación física (ciudad, país, hospital, rehabilitación, casa(s), universidad, lugar de trabajo)

Utiliza la Rueda de las emociones para codificar por colores cada evento en tu línea de tiempo.

No existe una forma correcta o incorrecta de crear tu línea de tiempo. Sé tan creativo o estructurado como desees.

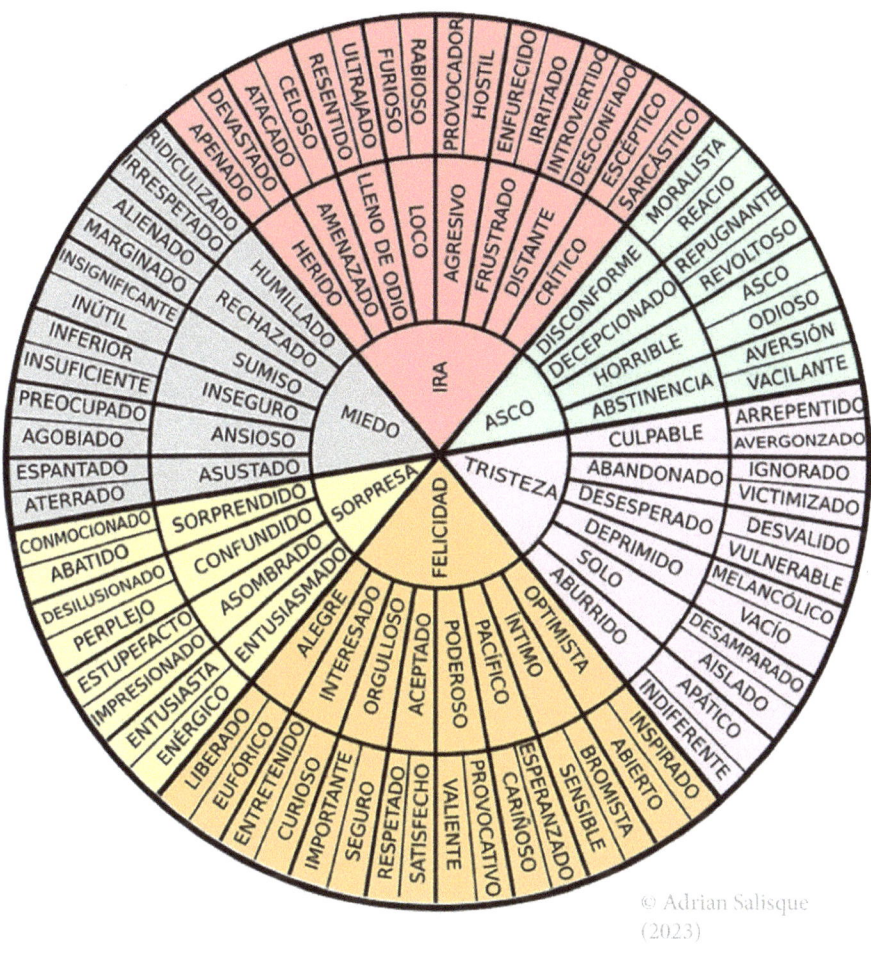

© Adrian Salisque (2023)

Ira   Asco   Tristeza

Felicidad   Sorpresa   Miedo

Preguntas de reflexión personal

- ¿Cuándo te sentiste cerca o lejos de tu familia, amigos, comunidad, compañeros de trabajo o Dios?

- ¿Cómo te apoyaron?

- ¿Cómo te cuidaron tus familiares y amigos?

- ¿Te sientes abandonado? ¿Por quién?

- ¿Has alejado a la gente (a sabiendas o sin saberlo)?

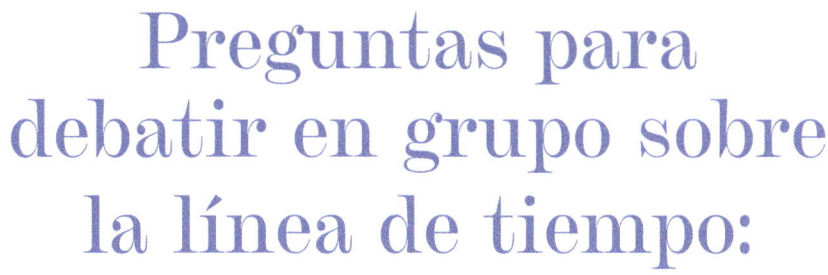

Preguntas para debatir en grupo sobre la línea de tiempo:

- ¿Qué emoción(es) son las más frecuentes en tu línea de tiempo?

- ¿Quién estuvo presente en tu viaje? ¿Te sentiste cerca o lejos de ellos?

- ¿Qué necesidades (físicas, emocionales, mentales, financieras, espirituales) se han satisfecho? ¿Qué necesidades desearías que se hubieran cubierto?

- ¿Vale la pena celebrar algún evento de tu línea de tiempo? ¿Cómo puedes celebrar este acontecimiento?

- ¿Estás agradecido por alguna persona o evento en la línea de tiempo?

Nombra tus pérdidas

En la vida, la pérdida es inevitable. Todo el mundo lo sabe, pero en el fondo de la mayoría de las personas permanece profundamente negado: "Esto no debería pasarme a mí". Por esta razón, la pérdida es el reto más difícil al que uno tiene que enfrentarse como ser humano.

— Dayananda Saraswati —

Una parte importante de nuestro viaje después de una discapacidad inesperada es la pérdida que acompaña a nuestra situación. A menudo, no tenemos la oportunidad de nombrar y lamentar nuestras pérdidas. Hasta que no podamos nombrarlas, no lograremos hacer el duelo por completo ni realizar una transición saludable hacia el siguiente paso en nuestro futuro.

Pérdidas tangibles e intangibles

Podemos experimentar pérdidas tanto tangibles como intangibles. A veces, se las llama pérdidas primarias y secundarias. Las pérdidas tangibles pueden ser físicas (salud), relacionales (familia, amigos o pareja) o materiales (casa o automóvil). Las pérdidas intangibles son más difíciles de nombrar y, a menudo, crean una mayor sensación de vacío que las tangibles. Pero todas las pérdidas son importantes y merecen que las lamentemos.

Ejemplos de pérdidas tangibles

- Muerte de un ser querido
- Pérdida de la función/salud tras el inicio de una discapacidad o enfermedad física
- Pérdida de un trabajo o carrera

Ejemplos de pérdidas intangibles

- Pérdida de identidad
- Pérdida de ingreso
- Pérdida de relaciones o cambio en las relaciones (p. ej., personas que te tratan de manera diferente)
- Pérdida de confianza o de autoimagen
- Pérdida de fe
- Pérdida de privacidad
- Pérdida de independencia
- Pérdida de tradiciones festivas
- Pérdida de sueños para el futuro
- Pérdida de seguridad y protección
- Pérdida de ser necesitado (o pérdida de tu percepción de ser necesitado)

Por ejemplo, una pérdida tangible por una lesión de la médula espinal puede ser la incapacidad para caminar y la necesidad de utilizar una silla de ruedas o un dispositivo de movilidad. Y una pérdida intangible que acompaña a esto puede incluir la falta de interacción comunitaria debido a la inaccesibilidad de viviendas y transporte.

Es importante señalar que incluso cuando una pérdida parece similar a otra, el impacto es diferente. Dos personas pueden tener el mismo diagnóstico pero experiencias muy diferentes.

Tiempo de reflexión personal

- Tómate entre veinte y treinta minutos para enumerar tus pérdidas tangibles e intangibles.

- ¿Qué crees sobre ti mismo en función de las pérdidas que enumeraste? (Ejemplos: No tengo valor. Puedo superar la adversidad).

- ¿Qué crees acerca de los demás basándote en las pérdidas que enumeraste? (Ejemplos: No puedo confiar en que los demás estén ahí para ayudarme. Mis amigos me apoyan).

Preguntas para debatir en grupo

- Si estás dispuesto, comparte algunas de tus mayores pérdidas.

- ¿Qué hace que estas pérdidas sean significativas en tu vida?

- ¿Qué emociones te producen estas pérdidas cuando piensas en ellas?

- A pesar de lo que hemos perdido, todavía podemos usar nuestras habilidades de maneras nuevas. ¿Qué habilidades, dones o conocimientos puedes adaptar para utilizarlos de otra manera?

El viaje del duelo

Me senté con mi enojo el tiempo suficiente hasta que me dijo que su verdadero nombre era dolor.

—C.S. Lewis—

El duelo es la respuesta ante la pérdida. Es difícil. Si bien nos permite sanar, el duelo puede ser agotador física, emocional y espiritualmente. Cuando omitimos el duelo, es difícil continuar nuestro viaje de manera saludable.

El Trauma Healing Institute [Instituto de Sanación del Trauma] (2016) desarrolló un modelo de duelo llamado El viaje del duelo. En este modelo, vemos tres barrios: el barrio de la Ira y la Negación, el barrio Sin Esperanza y el barrio de Los Nuevos Comienzos.

El viaje del duelo

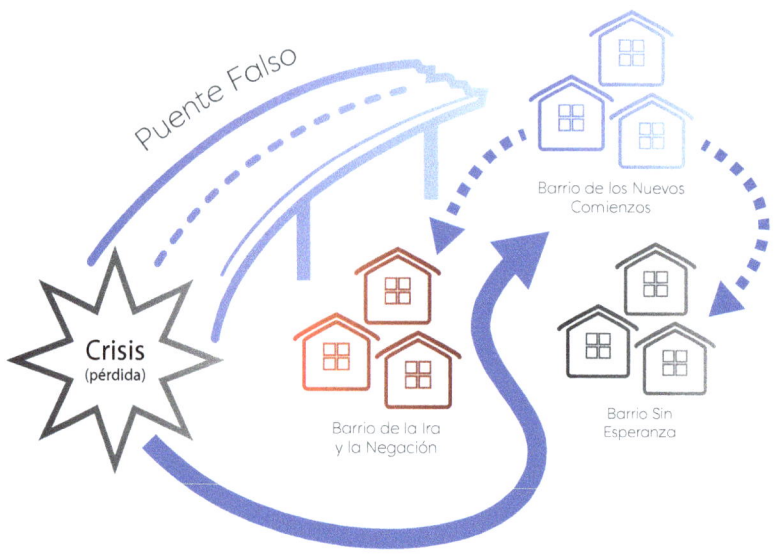

Adaptado de Healing the Wounds of Trauma. © ABS y SIL International. Utilizado con permiso.

El barrio de la Ira y la Negación

La ira y la negación son reacciones naturales cuando sufrimos una pérdida. En este barrio, el entumecimiento de la negación puede permitirnos afrontar física y emocionalmente nuestro entorno hasta que estemos a salvo. Asimismo, podemos culpar a otros (o a Dios) por nuestras circunstancias. La ira a causa de nuestra situación puede manifestarse de maneras inesperadas, como arremeter contra la familia, los cuidadores o los amigos más cercanos a nosotros.

El barrio Sin Esperanza

El barrio Sin Esperanza es la parte más oscura, solitaria y aterradora de nuestro viaje. El futuro parece sombrío. Nuestros sueños han desaparecido. La depresión puede persistir. El deseo de recuperar nuestra "vieja vida" puede resultar abrumador.

Sin embargo, podemos tener esperanza y al mismo tiempo sentirnos desesperanzados. ¿Confundido?

El diccionario *Merriam-Webster's Dictionary* define la esperanza como "alguien o algo en el que se centran las esperanzas" (2023). Este tipo de esperanza nos sostiene en las situaciones más difíciles. Piense en esto como Esperanza con *E* mayúscula. También tenemos esperanza en las cosas de nuestro futuro o en la forma en que desearíamos que fueran o pudieran ser. Esta esperanza, con e minúscula, puede decepcionar.

> **Esperanza:** Fe en alguien o en algo que es fundamental para nuestro propósito. La esperanza con *E* mayúscula no está determinada por nuestras circunstancias actuales (por ejemplo, si somos felices, si tenemos todo lo que queremos o gozamos de buena salud física). La esperanza puede estar arraigada en la fe, en las prácticas religiosas o espirituales o en las creencias personales.

> **esperanza:** Un resultado deseado. Ejemplos: la creencia de que la investigación proporcionará una cura; el deseo de tener hijos; la expectativa de que nos casaremos; la confianza en que si [trabajamos más duro, oramos más, comemos bien] entonces [mejoraremos, tendremos todo lo que queremos, viviremos una vida más fácil].

Incluso si tenemos esperanza, podemos experimentar emociones en el barrio Sin Esperanza. Volvamos a la Rueda de las emociones desde la línea de tiempo. Algunas de estas palabras pueden describir nuestra experiencia en el barrio Sin Esperanza.

- abandonado
- abrumado
- aislado
- apático
- asustado
- avergonzado
- confundido
- consternado
- decepcionado
- deprimido
- desilusionado
- estresado
- excluido
- fuera de control
- impotente
- indefenso
- indiferente
- inferior
- rechazado
- sin valor
- solitario
- suicida
- vacío
- vulnerable (físicamente)

El barrio Sin Esperanza es más que sentirse deprimido o suicida.

El barrio de los Nuevos Comienzos

Entramos en el barrio de los Nuevos Comienzos una vez que lamentamos nuestras pérdidas. Empezamos a ver posibilidades para nuestro futuro. Nos permitimos experimentar la vida nuevamente. Somos una persona diferente en el barrio de los Nuevos Comienzos de lo que éramos al inicio de nuestro viaje. Pero nuestro viaje requirió atravesar los barrios de la Ira y la Negación y Sin Esperanza antes de entrar en los Nuevos Comienzos.

El Puente Falso

¿Qué pasaría si nunca aprendiéramos a expresar el enojo o la tristeza? O tal vez en nuestra familia no se permitió ni se modeló la expresión de emociones negativas. Quizás queramos "ser fuertes" y "mantener una actitud positiva" para no decepcionar a familiares o amigos. Dibujamos una sonrisa en nuestros rostros y seguimos adelante. Una persona con un trasfondo religioso puede creer que un "verdadero creyente" no se enoja ni se deprime y evita estos sentimientos por una creencia falsa o por culpa.

Cuando evitamos estos sentimientos difíciles, tomamos el Puente Falso.

A veces, el Puente Falso parece ser el mejor camino (o el más fácil) hacia los Nuevos Comienzos. Si bien ignorar o reprimir nuestros sentimientos puede parecer un atajo hacia el barrio de los Nuevos Comienzos, solo retrasa el viaje hacia vivir *verdaderamente* allí. Cuando mitigamos nuestra tristeza, ira, frustración o desesperanza, también debilitamos nuestra capacidad de experimentar alegría, aceptación, entusiasmo o amor en toda su extensión. Adormecer los sentimientos "negativos" también adormece los sentimientos "positivos".

Si bien el Puente Falso no es el camino ideal, puede ser todo lo que una persona es capaz de manejar al comienzo de su viaje.

Todos nos afligimos de manera diferente

Cada uno de nosotros experimentará el viaje del duelo de una forma diferente.

Todos nos afligimos de manera diferente y "visitamos" los barrios en distintos momentos y en diferentes órdenes. Lo importante es recordar que no debemos quedarnos demasiado tiempo en ninguno de los barrios. Podemos marcharnos durante un tiempo y luego regresar un poco más tarde, incluso décadas después. Pero no queremos establecernos como residentes permanentes en los barrios de la Ira y la Negación o en Sin Esperanza.

Cabe mencionar que, en el caso de enfermedades progresivas como la distrofia muscular, el párkinson o el proceso de envejecimiento, es posible que pasemos por el viaje del duelo cada vez que experimentemos una pérdida.

Preguntas de reflexión personal

- ¿Cuáles eran las reglas para expresar emociones cuando eras niño? En tu familia, ¿quién te mostró ejemplos positivos o negativos de cómo expresar las emociones?

- ¿Qué han dicho o hecho tus familiares, amigos o desconocidos que te haga sentir solo en tu dolor?

- ¿Qué han dicho o hecho tus familiares, amigos o desconocidos que te haga sentir reconfortado en tu dolor?

- ¿Has perdido la capacidad de realizar una actividad que te permita expresar emociones? Ejemplos: salir a correr, escribir, el arte, el deporte, tocar un instrumento.

- ¿Has tratado de "reprimir" tus emociones?

- ¿Has realizado actividades o consumido sustancias para embotar o escapar de tus emociones? En caso afirmativo, ¿cuándo? ¿Con qué frecuencia?

  ____ Alimentos (comer en exceso o restringirse)

  ____ Medicamentos recetados o ilegales

  ____ Alcohol

  ____ Pornografía

  ____ Realizar investigaciones durante toda la vida, terapia o "curas" o endeudarse en esa búsqueda

  ____ Ver televisión en exceso

  ____ Lectura/audiolibros/pódcast

  ____ Redes sociales

  ____ Trabajar demasiado

  ____ Dormir

  ____ Comprar

- ¿Has descargado tus emociones con las personas que te rodean? ¿Con quién?

- ¿Tienes esperanza?

- ¿Tienes esperanzas específicas para el futuro?

Preguntas para debatir en grupo

- ¿Qué barrios has visitado?

- ¿Alguna vez te has sentido tentado (o presionado) a tomar el Puente Falso?

- Si te sientes cómodo compartiéndolo, ¿qué actividades no saludables utilizas para reprimir tus emociones?

Actividad: Lamento

(Opcional)

A menudo, es difícil encontrar una forma "aceptable" de expresar nuestros sentimientos de tristeza, ira y depresión. Una forma de reconocer estos sentimientos abrumadores es escribir un lamento.

El lamento es la práctica de expresar dolor. Podemos leer ejemplos de lamentos en civilizaciones antiguas como Sumeria, Grecia, China y el Cercano Oriente. Más de un tercio de los salmos de la Biblia hebrea son salmos de lamento.

Un lamento en el libro de los Salmos tiene al menos seis partes:

- un clamor a Dios,
- una queja,
- un grito de ayuda o una petición,
- a veces, una admisión de inocencia o culpabilidad,
- el recuerdo de la fidelidad de Dios en el pasado,
- una promesa de confiar en Dios.

Lee los ejemplos a continuación. Identifica las partes del lamento.

Salmos 13 (Nueva Traducción Viviente)

[1] Oh Señor, ¿hasta cuándo te olvidarás de mí? ¿Será para siempre?

¿Hasta cuándo mirarás hacia otro lado?

[2] ¿Hasta cuándo tendré que luchar con angustia en mi alma,

con tristeza en mi corazón día tras día?

¿Hasta cuándo mi enemigo seguirá dominándome?

[3] Vuélvete hacia mí y contéstame, ¡oh Señor mi Dios!

Devuélvele el brillo a mis ojos, o moriré.

[4] No permitas que mis enemigos se regodeen diciendo: «¡Lo hemos derrotado!».

No dejes que se regodeen en mi caída.

[5] Pero yo confío en tu amor inagotable;

me alegraré porque me has rescatado.

[6] Cantaré al Señor

porque él es bueno conmigo.

Un lamento de Jenny

¡Dios mío, escúchame!

    ¿Qué he hecho para merecer esta vida?

Odio sentirme como una carga. Me asfixio por el peso

    del coste económico de la discapacidad. Temo morir sola.

Por favor, mantén mi trasero sano (una cuota de realidad).

    Haz soportable mi dolor,

      y dame lo que necesito y, tal vez, incluso lo que quiero.

He confiado en ti. Todavía confío, pero

    a veces

        en la oscuridad

           el futuro me abruma.

Cuando la vida se torna difícil, ayúdame a recordar cómo

    has provisto en el pasado.

No puedo hacer esto sola, así que necesito confiar en ti.

Lo diré de nuevo y trataré de creerlo.

    Mi confianza está en ti.

Ejercicio personal

Pasa un tiempo a solas y escribe un lamento. Si bien no es necesario que un lamento tenga las seis partes, debe incluir una queja. Expresa tu enojo, miedo, frustración, angustia, tristeza y/o desesperación a Dios. Siéntete libre de ser creativo en tu lamento: garabatea una oración, escribe una canción o un poema o dibuja una obra de arte.

Preguntas para debatir en grupo

- ¿Qué fue lo más difícil o lo más fácil de escribir un lamento?

- Identifica una o dos emociones que hayas sentido (positivas o negativas) mientras elaborabas tu lamento.

- ¿Qué otras ideas tienes sobre este ejercicio? ¿Volverías a hacerlo?

- ¿Practicas el lamento de otras maneras? (Mediante la escritura de un diario, la música, la oración, etc.).

Cambio y transición

El cambio es inevitable. El crecimiento es opcional.
—John C. Maxwell—

Después de una lesión o una enfermedad crónica, la vida cambia. La forma en que realizamos nuestras actividades cotidianas puede cambiar. Simplemente, levantarse de la cama puede ser un calvario.

La pregunta es: ¿estás dispuesto a hacer la transición a la vida con una discapacidad?

Cambio y transición parecen significar lo mismo. Pero hay una gran diferencia. El cambio nos sucede a nosotros: no tenemos el control. Es una señal de que algo ha terminado y algo nuevo está comenzando. La transición es el proceso psicológico y emocional que se produce en nuestro interior a medida que respondemos y nos adaptamos al cambio. Es interno. Emocional. Mental. Elegimos cómo (o si) ajustamos nuestras vidas al nuevo camino en el que nos encontramos.

Observa el Puente de la Transición a continuación. Examina las etapas de transición que experimentamos después de una discapacidad.

El Puente de la Transición
Adaptado de David C. Pollock

Establecido

Antes de nuestra discapacidad, estábamos establecidos. Sabíamos quiénes éramos en relación con los demás y sabíamos cómo movernos por el mundo. Entendíamos nuestro papel en la familia, en el trabajo y entre nuestros pares.

Caos

Tras nuestra lesión o diagnóstico, podemos sentirnos completamente fuera de control. Es posible que no controlemos cuándo nos levantamos, cuándo vamos al baño o cuándo nos acostamos. Podemos sentir que nadie comprende nuestra situación. Y, en realidad, nadie lo hace. Puede que pensemos que nuestra familia, amigos o profesionales médicos deberían estar a nuestra entera disposición, o puede que arremetamos contra ellos cuando no pueden satisfacer nuestras necesidades físicas o emocionales como nos gustaría. Es posible que veamos a nuestros amigos o familiares marcharse porque no pueden lidiar con la situación.

Incluso podemos alejar a nuestros seres queridos. Cuando vemos que otros llevan una vida "normal", puede que nos moleste no saber lo que nos depara el futuro.

Restablecimiento

Al intentar emprender un viaje por este nuevo camino, podemos sentirnos espectadores de nuestra propia vida. Nos quedamos al margen viendo a la gente trabajar o jugar donde alguna vez florecimos. Las relaciones requieren esfuerzo y transparencia. Podemos malinterpretar los comportamientos de los demás o malinterpretarlos a ellos y sus intenciones. Poco a poco, nos animamos a escuchar o hacer preguntas a una persona o mentor que ya ha pasado por lo mismo. Empezamos a ver un poco de esperanza y, vacilantes, comenzamos a jugar con las cartas que nos han repartido.

Involucrado

Durante estas fases de transición, nos afligimos. La depresión, la desesperanza, la ira y la negación hacen que nuestro viaje sea accidentado y difícil de recorrer. No obstante, si permitimos que se produzca la transición emocional interna, volvemos a involucrarnos. Las personas en nuestras vidas (ya sean las conocidas o las nuevas) nos alientan y aceptan. Más importante aún, nos aceptamos a nosotros mismos. Llegamos a conocer a otras personas con experiencias similares. Sentimos que pertenecemos nuevamente. Puede que no sea la forma en que pertenecíamos antes, pero todavía tenemos un sentido de pertenencia. Tal vez tengamos menos energía o tiempo, pero aprendemos a adaptarnos a nuestras capacidades, incluso cuando no nos gustan los cambios.

La transición puede ser atemorizante. Para poder lograr la transición, debemos estar dispuestos a adaptarnos al nuevo mundo en el que vivimos.

La experiencia de la transición a la discapacidad

En cada etapa del Puente de la Transición, experimentamos cambios en cómo nos vemos a nosotros mismos en el mundo, cómo interactuamos con el mundo que nos rodea y las emociones que experimentamos como resultado de nuestras discapacidades.

Estudia el modelo de la Experiencia de la transición a la discapacidad que se grafica a continuación. ¿Con qué declaraciones te identificas?

La experiencia de la transición a la discapacidad
Adaptado de David C. Pollock

	Establecido	**Caos**	**Restablecimiento**	**Involucrado**
Mi estatus	Pertenencia	Falta de status	Nuevo comienzo	Pertenencia
	• Formar parte de un grupo • Tener un papel • Tener una posición • Soy conocido y conozco a otros	• No me entienden • No tengo control • Diferente • Tengo conocimientos que no puedo usar	• Superficial • Inseguro de mi posición con la familia, los amigos y la sociedad • Al margen	• Soy conocido • Conozco a ortros • Reconstruir la posición, el rol y el estatus • Interacción con la familia y amigos
Experiencia social	Comproetido	Desconectado	Reconectar	Comprometido
	• Responsable • Responder a las necesidades físicas y emocionales	• Egocéntrico • Futuro desconocido • Relaciones en proceso de cambio (algunas de apoyo y receptivas, otras no)	• Observador • Debe iniciar relaciones • Búsqueda/aceptación de mentores	• Pertenencia • Involucrado • Comportamiento conforme • Preocupación por los demás
Experiencia emocional	Intimidad	Negación/Ansiedad	Vulnerabilidad	Intimidad
	• Confiado • Seguro	• Resentido • Deprimido, enojado • Avergonzado • Pérdida de autoestima • Pérdida de normalidad	• Transparente • Asustado • Ambivalente • Esperanzado • Frustrado con facilidad • Determinado • Con miras al futuro	• Recuperar la confianza en uno mismo • Reconstruir la seguridad • Sentirse aceptado

Preguntas de reflexión personal

- ¿En qué etapa(s) te encuentras ahora?

- ¿En qué piensas? ¿Qué sientes? ¿Qué quieres?

- ¿Cómo ha cambiado la forma en que te ves a ti mismo desde tu discapacidad o enfermedad crónica?

- ¿Cómo ha cambiado la forma en que ves a los demás desde tu discapacidad o enfermedad crónica?

- ¿Cómo han cambiado tus relaciones con tu familia, los amigos y la comunidad?

- Mira la vida desde la perspectiva de tus padres, hermanos, cónyuge, pareja y amigo. ¿En qué etapa se encuentran? ¿Cómo se ha visto afectada su vida?

- ¿Estás dispuesto a iniciar otras relaciones? Si no es así, ¿a qué le temes?

- ¿Qué te comprometerías a hacer?

Preguntas para debatir en grupo

- ¿Dónde experimentas un sentido de pertenencia?

- ¿Cómo has construido intencionalmente nuevas relaciones?

- ¿Cómo estás reconstruyendo la confianza en ti mismo?

- ¿Cuál es el mejor consejo que te ha dado un compañero sobre cómo vivir con una discapacidad?

- Si estás dispuesto a compartirlo, ¿qué te comprometerías a hacer?

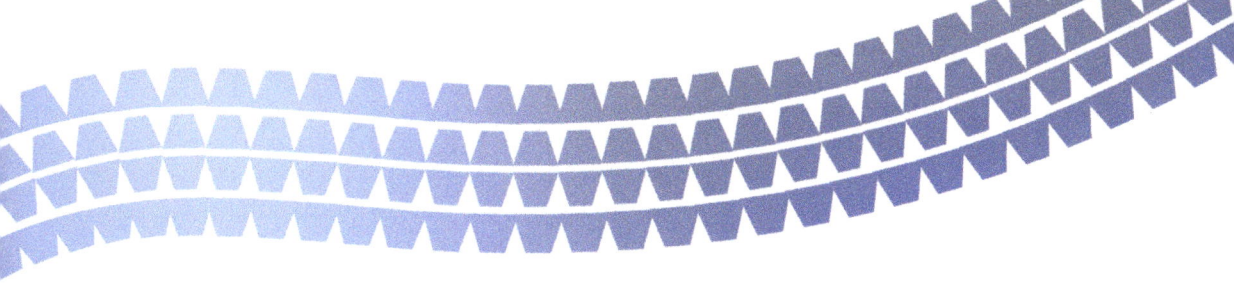

Paradoja

He sufrido muchas pérdidas, pero sigo teniendo una profunda capacidad para la alegría y el placer.

—Alice Wong—

En medio del dolor, el sufrimiento y la pena, es posible que veamos poca luz al final del túnel. De hecho, podemos creer que nunca más volveremos a ser felices, tener confianza en nosotros mismos o a sentirnos realizados.

¿Es posible experimentar dolor, pérdida, alegría y aventura al mismo tiempo?

Sí, lo es.

Podemos aprender a vivir en un estado de paradoja.

¿Qué es la paradoja?

La paradoja es una situación aparentemente contradictoria.

La primera línea de *Historia de dos ciudades* de Charles Dickens dice: "Era el mejor de los tiempos, era el peor de los tiempos...".

Se trata de dos afirmaciones *opuestas* pero *igualmente ciertas*. Lo mismo puede ocurrir en nuestras vidas cuando experimentamos una discapacidad.

A continuación, se muestran dos ejemplos de paradoja:

- Me siento solo *y* mis amigos me apoyan.
- La vida es muy difícil *y* disfruto de las oportunidades que tengo.

Las declaraciones anteriores son igualmente ciertas y válidas. Una no niega la validez de la otra.

Ahora y aún no

El siguiente diagrama es otra forma de ver la paradoja.

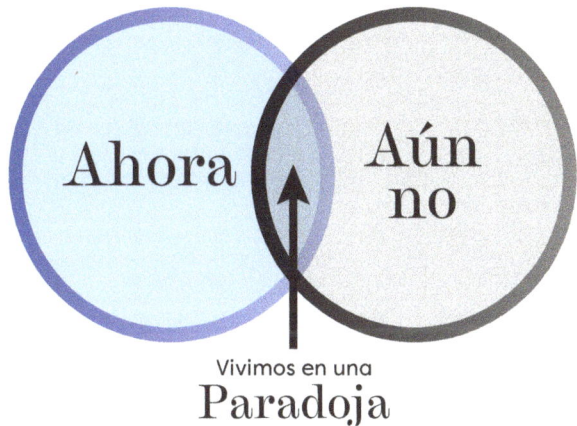

Por un lado, vivimos en el "ahora"; por otro, esperamos con ansias el "aún no". La paradoja tiene lugar donde estos dos círculos se superponen. Esperamos, trabajamos o deseamos que llegue el "aún no". Pero lo más importante es que *vivimos*. No solo existimos. No solo ocupamos espacio. Nos damos permiso para vivir en abundancia en el "ahora" hasta que nuestro "aún no" llegue a buen término. Vivimos en la tensión de la paradoja.

Definición de aceptación

Cuando hablamos de aceptación, especialmente cuando alguien se acerca al barrio de los Nuevos Comienzos, es importante preguntarse cómo se define el término "aceptar".

Si una persona piensa que aceptar su discapacidad significa renunciar a la vida, entonces puede ser reacia a "aceptarla". ¡Tienen razón en no rendirse! La aceptación se describe mejor como darse permiso a uno mismo para hacer la transición y adaptarse a la vida con una discapacidad. La aceptación es un proceso que puede llevar años. Y está bien.

Podemos pensar en la aceptación como la *voluntad* de vivir en la tensión de la paradoja.

Preguntas de reflexión personal:

- ¿Cómo describirías tu "ahora"?

- ¿Cómo describirías tu "aún no"?

- ¿Te has dado permiso para adaptarte y hacer la transición a la vida con una discapacidad?

- ¿Dudas en "aceptar" tu discapacidad porque sientes que estás perdiendo la esperanza de gozar de una vida buena o plena?

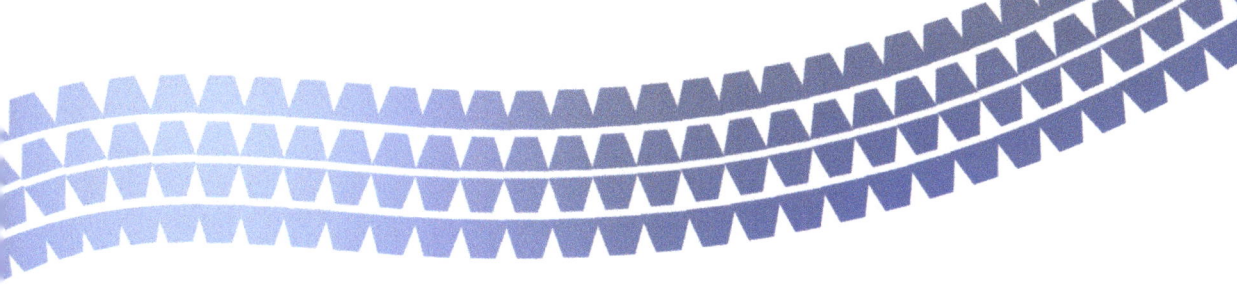

Estrés, trauma y estrategias de afrontamiento

El estrés puede controlarse, aliviarse y disminuirse, pero nunca eliminarse.

—Gudjon Bergmann—

La vida con una discapacidad puede ser estresante. A menudo, es un trabajo a tiempo completo además de nuestra vida, ya de por sí ocupada. ¿Cómo podemos mantener nuestra salud emocional y espiritual con el estrés adicional que acompaña a una discapacidad?

¿Qué es el estrés?

El estrés implica acontecimientos o factores ambientales (estresores), nuestras reacciones ante el estrés y los recursos que utilizamos para afrontarlo (Koteskey y Seitz 2023).

Imaginemos los recursos que tenemos para afrontar el estrés como una cuenta bancaria. Digamos que tenemos 1000 dólares ahorrados para emergencias. Cuando surgen imprevistos, accedemos a la cuenta. Es necesario reemplazar un neumático de nuestro vehículo. Por suerte, lo tenemos cubierto. Se rompe un electrodoméstico. Puede que no nos guste, pero podemos recurrir a los ahorros. Entonces, el seguro médico rechaza una reclamación y, de repente, nuestra cuenta queda en negativo. Cuando las situaciones estresantes de la vida con una discapacidad nos bombardean, es posible que ya no dispongamos de recursos suficientes para "pagar" el estrés de la vida.

¿De dónde viene el estrés?

Primero, aclaremos algo: no todo el estrés es malo. El estrés puede hacernos trabajar duro, establecer y alcanzar metas y cumplir plazos. A algunas personas incluso les *gusta* el estrés. Los acontecimientos positivos como el matrimonio, el nacimiento de un hijo, un nuevo trabajo o la jubilación pueden resultar estresantes. Estos eventos requieren que hagamos una transición y aprovechemos nuestros recursos.

El ataque constante de factores estresantes sin recursos suficientes impacta nuestra salud emocional, física, mental y espiritual a largo plazo.

El estrés proviene de:

- acontecimientos de la vida (cambios en la salud, matrimonio, situación laboral, hijos);

- problemas cotidianos (transporte, tareas domésticas, cuidado personal);

- factores situacionales sobre los que tenemos poco control (enfermedad, dolor crónico, cuidadores, problemas intestinales y urinarios);

- eventos traumáticos (procedimientos médicos, falta de seguridad, accidentes automovilísticos, caídas);

- comparación (expectativas que tenemos de nosotros mismos o que percibimos de los demás).

Reacciones normales ante el estrés

Es normal experimentar reacciones físicas, emocionales, conductuales, cognitivas y espirituales ante el estrés.

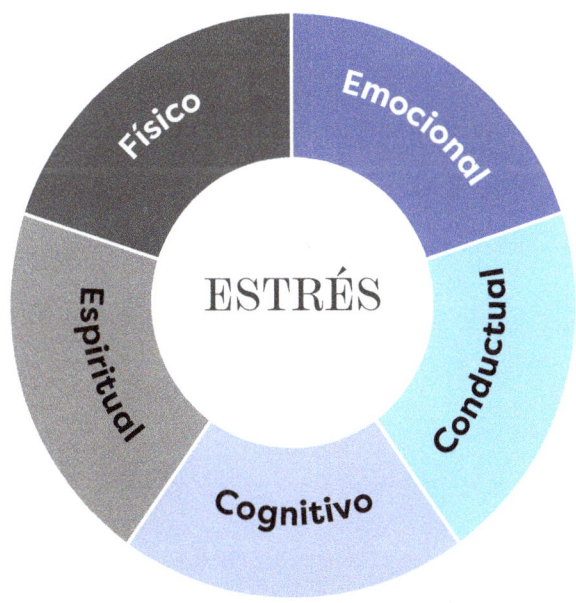

Preguntas de reflexión personal

Encierra en un círculo las reacciones al estrés que has experimentado (y que no experimentas sin estrés).

Físicas (la respuesta de nuestro cuerpo):

Dolor de cabeza   tensión en el cuello/hombros
dolor de estómago   diarrea   fatiga/agotamiento
insomnio   enfermedades cardíacas
disminución del sistema inmunológico   aumento o pérdida de peso

Emocionales (cómo nos sentimos):

Ansiedad   dificultad para concentrarse   depresión   ira
frustración   negación   miedo
ensación de abandono o aislamiento

Condultuales (cómo actuamos):

Cambios en la comunicación   retraimiento
arrebatos emocionales   comer en exceso o poco   hipervigilancia
consumo inadecuado de medicamentos/drogas o alcohol
cambios en el nivel de actividad

Cognitivas (cómo pensamos):

Falta de concentración   alteraciones de la memoria
dificultad para tomar decisiones   confusión   preocupación
autoculpa o culpar a los demás

Espirituales (nuestro sistema de creencias):

Cuestionarse el porqué   culpar a Dios
sentir una falta de propósito   sentirse abandonado por Dios
dificultad para orar
preocupación por el significado espiritual

Todas estas son reacciones normales ante el estrés.

Actividad personal o grupal

Grupos: Utilicen seis cartulinas adhesivas grandes, una pizarra de borrado en seco o, si se reúnen en línea, compartan la pantalla y registren las respuestas de los participantes.

Utilizando el acrónimo ESTRÉS, nombra los factores estresantes que experimentas en cada categoría.

E Entorno

S Social

T Tempermental

R Recursos

É Espiritual

S Situacional

- El estrés provocado por el **entorno** se genera por nuestra respuesta al ambiente que nos rodea.

- El estrés **social** es la tensión que sentimos al interactuar con los demás.

- El estrés **temperamental** es creado por nuestro propio temperamento y personalidad (introvertido, extrovertido, organizado, creativo).

- El estrés por los **recursos** se produce por la falta de recursos suficientes para lograr nuestros objetivos o por la falta de control sobre esos recursos. Si bien el dinero es un recurso, también lo son el tiempo y la energía.

- El estrés **espiritual** ocurre cuando se obstaculiza nuestra relación con Dios, los demás, la naturaleza, la música o la creatividad.

- El estrés **situacional** proviene de la incapacidad de estar seguros de algunos aspectos de nuestras vidas.

¿Qué es el trauma?

El trauma ocurre cuando una persona experimenta miedo, impotencia u horror intensos. Muchos de nosotros hemos experimentado traumas por las circunstancias que causaron nuestras discapacidades o por los procedimientos médicos a los que nos hemos sometido.

Sentimos una abrumadora sensación de impotencia al depender por completo de otro ser humano para cubrir las necesidades básicas de la vida. Recordamos con horror el dolor físico que experimentamos y que ningún fármaco pudo aliviar. Es importante tener en cuenta que no es necesario que un procedimiento salga "mal" para que sea traumático.

También experimentamos traumas cotidianos que se acumulan con el tiempo. Padecemos de otra infección con todos los efectos secundarios que acompañan a los antibióticos. Un cuidador no aparece... otra vez. Cada noche, nos acostamos para comprobar si tenemos una úlcera, con el recuerdo de un período prolongado en la cama, y nos atormenta el temor de que esto vuelva a suceder. Cuando tenemos que someternos a pruebas médicas, sufrimos nuevas extracciones de sangre o punciones intravenosas sin éxito.

Los síntomas del trauma

Los síntomas del trauma son muy similares a los del estrés. Sin embargo, las respuestas al trauma pueden ser más graves e incluir incapacidad para dormir, ataques de pánico, ansiedad debilitante, pesadillas, abuso de sustancias, adormecimiento de todas las emociones, depresión o, en algunos casos, trastorno de estrés postraumático (TEPT). El trauma también puede afectar a nuestras esperanzas y expectativas para el futuro y hacernos creer que no experimentaremos los hitos típicos de la vida en la educación, las relaciones o las oportunidades laborales y de voluntariado (Centro para el Tratamiento del Abuso de Sustancias 2014).

Cuando una situación provoca inexplicablemente lágrimas, miedo o pánico, es posible que nuestros cuerpos estén respondiendo a un trauma. El trauma no es "solo" una respuesta emocional o psicológica. Nuestro cuerpo también reacciona al trauma a nivel visceral. El cerebro y el sistema nervioso autónomo simpático le dicen a nuestro cuerpo que no estamos seguros. Se liberan sustancias químicas en el torrente sanguíneo y partes del cerebro se apagan, lo que nos pone en modo de supervivencia.

Recursos adicionales sobre el trauma

El trauma no "desaparecerá" hasta que se haya procesado por completo. Si bien las preguntas y actividades de este libro de trabajo nos permiten reflexionar sobre los eventos traumáticos que hemos experimentado, es posible que algunos de nosotros necesitemos un terapeuta especializado en traumas.

Preguntas de reflexión personal

- ¿Has experimentado algún evento en el que hayas sentido miedo, impotencia u horror intensos?

- ¿Cómo te ha afectado este evento (o eventos) emocional, social, física y espiritualmente?

- ¿Necesitas ayuda de un profesional para comenzar a procesar el trauma que has experimentado?

- ¿Cuál es el primer paso que debes dar para obtener ayuda? ¿En qué fecha lo harás?

Estrategias para afrontar el estrés y el trauma

Analicemos algunas estrategias positivas para afrontar el estrés o la reacción de nuestro cuerpo ante un trauma. Estos ejercicios ayudan a equilibrar los lados emocional y racional de nuestro cerebro. Cuando estamos estresados o ansiosos, la parte emocional de nuestro cerebro a menudo supera a la racional.

Primer ejercicio: respiración profunda

Inhala lentamente por la nariz, contiene la respiración y luego exhala por la boca. Repítelo cuatro veces.

Inhala – uno, dos, tres, cuatro

Contén – uno, dos, tres, cuatro

Exhala – uno, dos, tres, cuatro

Si no puedes inhalar, exhalar o contener la respiración hasta la cuenta de cuatro, comienza contando hasta dos.

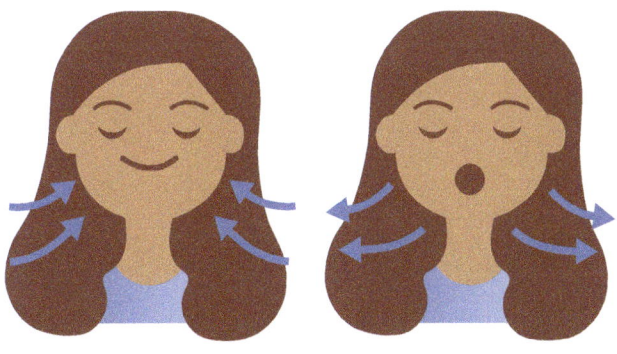

Segundo ejercicio: golpeteo rítmico

Da golpecitos siguiendo un patrón rítmico, derecha-izquierda, derecha-izquierda. Este ejercicio se puede adaptar según su capacidad física.

Usa las manos para golpear rítmicamente una de estas áreas: la clavícula, las comisuras de los ojos o las rodillas. Alterna lentamente las manos derecha e izquierda durante un minuto.

Para adaptar este ejercicio:

- Mueve los ojos de derecha a izquierda.
- Parpadea con el ojo derecho y luego con el izquierdo.
- Encoge el hombro derecho y luego el izquierdo.
- Levanta el talón derecho del suelo, luego el izquierdo.
- Extiende la muñeca derecha, luego la izquierda.

Si no puedes hacer golpeteo rítmico, este ejercicio es igual de efectivo si alguien lo hace por ti.

Tercer ejercicio: escucha los latidos de tu corazón

Si tu mente está acelerada, concéntrate en escuchar y sentir los latidos de tu corazón. Es más útil durante la noche cuando hay silencio.

Cuerto ejercicio: segmenta el día

Cuando te sientas abrumado y no creas que puedas aguartar todo el día, divídelo en segmentos. Por ejemplo, de la mañana al almuerzo, del almuerzo a la cena y de la cena a la hora de acostarte. Si todavía te parece demasiado largo, divide el día en segmentos de una o media hora. Incluso quince minutos, si es necesario.

Cuando superes con éxito ese segmento de tiempo, refuerza tu logro y felicítate por haberlo logrado y por poder volver a hacerlo.

Quinto ejercicio: imagina un recipiente

Cuando tengas múltiples preocupaciones rondando por tu cabeza, imagina un recipiente en el que puedas colocar tus pensamientos, preocupaciones y miedos.

Describe detalladamente tu recipiente. Debe tener tapa.

- ¿De qué material está hecho?
- ¿De qué color es?
- ¿Qué tamaño tiene el recipiente?
- ¿Cómo se cierra la tapa?
- ¿Cómo quieres llamar a tu recipiente?

Imagínate depositando tus preocupaciones en el recipiente, cerrando la tapa y dejándolo a un lado. ¿Cómo te hace sentir?

En lugar de reprimir tus emociones, las estás dejando a un lado durante un tiempo.

Cuando puedas y tengas tiempo, "saca" un elemento de tu recipiente y permítete procesarlo. Habla con un amigo o un terapeuta, escribe sobre el tema y/o ora por ello.

Mantén tu vaso lleno

No podemos dar lo que no poseemos.
No podemos hacer otra cosa que dar lo que sí poseemos.

—Peter Scazzero—

A menudo, escuchamos proverbios o refranes sobre la importancia de "mantener el vaso lleno". Con todos los factores de estrés que experimentamos con la discapacidad, ¿cómo y dónde podemos rellenar nuestros vasos emocionales, mentales, físicos y espirituales?

¿Cuáles son algunas características de estos recipientes?

-
-
-
-

Los vasos son comunes. Vienen en diferentes tamaños, formas y colores. También tienen diferentes propósitos. Algunos son frágiles mientras que otros son resistentes. Se pueden vaciar y rellenar. Si no se cuidan adecuadamente, se rompen y ya no se pueden utilizar, a menos que se restauren.

Nuestros recursos emocionales, físicos y espirituales, al igual que los vasos, deben mantenerse llenos. El descanso es una forma de rellenar nuestros vasos. En *Tender Care* [Tiernos cuidados], los autores Reagon Wilson y David Kronbach explican que el descanso "va más allá de lo físico y, a menudo, se utiliza en contexto con el aspecto espiritual y social de nuestro ser" (Wilson y Kronbach, 2010, 97).

Características del descanso y la recarga

Todos experimentamos el descanso y la recarga de una manera diferente. Para algunos, significa pasar tiempo a solas; otros prefieren una comida con amigos cercanos. Algunos recargan sus recursos con ejercicio, mientras que otras personas prefieren sentarse al aire libre con un buen libro.

Pero el descanso y la recarga deben ser intencionales. No puede suceder, o no sucederá, por sí solo.

Preguntas de reflexión personal

- ¿Qué partes profundas de tu cuerpo, mente y espíritu necesitan un descanso?

- ¿Qué refresca y restaura tu cuerpo, mente y espíritu? Nombra algunas actividades, intereses y pasatiempos.

- ¿Sueles reponer tus recursos solo o en comunidad?

- Si has perdido las fuentes principales de descanso y recarga (por ejemplo, la actividad física, caminar en la naturaleza, dar un largo paseo en auto, tomar una ducha caliente, etc.), menciona algunas actividades que puedas adaptar para recargar tus recursos emocionales, físicos y espirituales.

Encuentra el sentido y el propósito

Quien tiene un "porqué" para vivir puede soportar casi cualquier "cómo".

—Friedrich Nietzsche—

Para prosperar en el mundo de la discapacidad, necesitamos encontrar un propósito y un sentido a la vida. Podríamos sentir que es imposible cuando nos han quitado tantas cosas, a la vez que gestionamos la pérdida, el dolor y los factores de estrés diarios.

Sin embargo, Viktor Frankl (1992), psiquiatra, neurólogo y sobreviviente de un campo de concentración, afirma que debemos encontrar el significado de nuestras vidas para sobrevivir y prosperar. Frankl cree que el sentido de la vida proviene de tres fuentes principales: establecer metas y buscar nuevas experiencias, amar desinteresadamente y encontrar coraje y significado en medio del sufrimiento. Lozeron (2019) resume estas tres fuentes de sentido a continuación.

Establecer metas y buscar nuevas experiencias

Para encontrar un propósito, debemos establecer metas y estar abiertos a nuevas experiencias (incluso cuando sean aterradoras o incómodas). Debemos seguir aprendiendo. Necesitamos creer que tenemos talentos, habilidades y destrezas únicas que pueden generar un impacto, aunque solo sea en una persona. Cuando perseguimos objetivos y nuevas experiencias, encontramos que la vida cobra sentido.

Amar desinteresadamente

Cuando amamos de manera desinteresada, queremos ayudar a otros a tener éxito y a alcanzar su máximo potencial. Podemos ser mentores. Podemos replantear nuestra necesidad de ayuda como una oportunidad para que otros sirvan y aprendan nuevas habilidades. Escuchamos y hablamos con quienes se sienten solos o sufren. Cuando deseamos ayudar a los demás, nuestra vida tiene un propósito.

Encontrar el sentido del sufrimiento

Al analizar nuestras circunstancias, ¿cómo elegimos responder? Recuerda que somos nosotros los que decidimos cómo adaptarnos y hacer la transición a nuestro nuevo camino. ¿Reaccionamos con ira? ¿Con humor? ¿Con determinación? ¿Aprendemos a sentir empatía por los demás? La persona en la que elegimos convertirnos da sentido a nuestro sufrimiento.

Podemos encontrar el sentido y el propósito al descubrir nuestras metas, a quién podemos ayudar y en quién nos estamos convirtiendo. Durante nuestras circunstancias más desafiantes, debemos aferrarnos a nuestro sentido y propósito. Este conocimiento debe estar profundamente arraigado en nuestras almas. Tenemos que creer que nuestras vidas pueden "crear un efecto dominó que se extienda a las vidas de las personas que quizás nunca conozcamos" (Smith 2021, 216). Para ello, debemos descubrir nuestro propósito y el sentido de la vida.

Preguntas de reflexión personal

Tómate un tiempo para responder a las siguientes preguntas. Piensa en las actividades que has realizado a lo largo de tu vida. ¿Qué puntos en común existen entre tus pasatiempos, carreras o proyectos? No excluyas una respuesta porque creas que tu discapacidad o condición física puede limitarte.

- ¿Qué te encanta hacer?

- ¿Cuáles son tus talentos, fortalezas y habilidades únicas?

- ¿Qué causas te apasionan?

- ¿Qué metas o nuevas experiencias quieres planear para tu futuro? (¡No tengas miedo de pensar en grande!).

- ¿Quién forma parte de tu vida en este momento? ¿Cómo puedes ayudarlos a alcanzar su máximo potencial? ¿Cómo puedes amarlos desinteresadamente?

- ¿Cómo has crecido a través de tu experiencia con la discapacidad? ¿Te gusta en quién te estás convirtiendo?

- ¿Cómo quieres que la gente te recuerde cuando llegues al final de tu vida?

Tu declaración de propósito y sentido:

Usaré mis _____ **para**
(talents, strengths, abilities)

_____ **para que**
(lo que amo hacer)

_____.
(lo que me apasiona)

Conclusión

Espero que aprender estas lecciones haya sido un viaje que valga la pena. En mi propia vida, las herramientas que he incluido en este libro han sido valiosas y necesarias.

Después de mi lesión a los dieciséis años, tomé el Puente Falso. No fue una divergencia intencional. Simplemente, no sabía de qué otra manera navegar por el complicado y desconocido mundo de la discapacidad. Ignorar mis sentimientos me resultaba más fácil y familiar.

Con el tiempo, conocí a algunas personas con las que logré identificarme. Podía hablar con ellas sin avergonzarme de los problemas urinarios e intestinales y de la necesidad de cuidado personal. Podíamos hablar de las frustraciones por el deterioro de la piel, los cambios de la imagen corporal y las cargas financieras asociadas a una discapacidad. "Lo entendían" de una manera que mis amigos y familiares más cercanos no podían. Forjar esas relaciones fue el primer paso en mi viaje hacia el barrio de los Nuevos Comienzos.

Pero no quiero que parezca que mi viaje ha sido un vuelo sin escalas hasta mi destino final.

Hace varios años, tuve un día especialmente difícil. Estaba agotada física, emocional y mentalmente. Puse un pódcast para relajarme mientras me preparaba para ir a la cama, pero incluso eso me resultaba demasiado agotador. En su lugar, decidí relajarme escuchando música clásica.

Mi cuerpo y mi mente se relajaron mientras la sonata *Claro de luna* susurraba por los altavoces. Había tocado esta pieza musical en el piano antes de mi lesión. Cada nota de la canción me resultaba familiar, inquietantemente familiar. Incluso treinta años después de mi lesión, podía sentir cada dedo tocar las teclas de un piano invisible.

Lo que sucedió después me tomó por sorpresa.

Mis ojos se llenaron de lágrimas. La pérdida de tocar el piano me invadió en una ola de dolor inesperado. No traté de reprimir mis sentimientos ni de decirme a mí misma que no valía la pena llorar porque llevaba tres décadas sin tocar el piano. Nombré y reconocí mi pérdida y la lamenté. Al día siguiente, continué mi viaje.

Si estás atrapado en un sentimiento de enojo, negación o depresión, no dudes en buscar ayuda. Los programas de mentores entre pares, los grupos de apoyo y las actividades de recreación y deporte adaptado son lugares donde puedes conocer a personas que comprenden la vida con una discapacidad. Un consejero o terapeuta puede ayudarte a analizar este libro y a recuperarte del trauma que hayas podido experimentar debido a tu discapacidad o a las intervenciones médicas posteriores.

En mi libro *Live the Impossible* [Vive lo imposible], resumo mi viaje con una lesión de la médula espinal:

> "El camino que se me presentó a los dieciséis años estaba lleno de baches, adoquines y grava. Sigue siendo accidentado, incómodo y tedioso. Pero también ha sido hermoso, gratificante y aventurero" (Smith 2021, 3).

La vida es una paradoja. Espero que a pesar de los baches que encuentres en tu viaje, tú también vivas aventuras hermosas, gratificantes e inesperadas. Esta no es la vida que habría elegido. Pero el viaje me ha obligado a crecer emocional, mental y espiritualmente de una manera que de otro modo no lo habría hecho.

Si has leído este material con un grupo de compañeros de viaje, espero que hayan aprendido unos de otros. Recuerda siempre que no tienes que viajar solo.

Sigamos apoyándonos unos a otros mientras emprendemos este viaje. Juntos podemos prosperar, no solo sobrevivir, en esta tierra extranjera llamada Discapacidad.

Programa sugerido para grupos

En grupo, dedica al menos ocho semanas para repasar este material. Dos horas es tiempo suficiente para cada sesión. Aunque el libro de ejercicios es breve, la lectura y las actividades requieren tiempo y energía emocional. Antes de cada sesión, los participantes deben programar un tiempo para leer el material y responder las preguntas de reflexión personal y de debate en grupo.

Semana 1: Introducción
 Presentación del grupo y reglas
 ¿Por qué dedicar tiempo a reflexionar?
 Actividad: Línea de tiempo

Semana 2: Revisión de la línea de tiempo
 (debatir ideas, reflexión personal y preguntas para debatir en grupo)

Semana 3: Nombra tus pérdidas

Semana 4: El viaje del duelo
 Actividad: Lamento (opcional)

Semana 5: Compartir los lamentos (uno o dos participantes)
 Cambio y transición
 Paradoja

Semana 6: Estrés, trauma y estrategias de afrontamiento

Semana 7: Mantén tu vaso lleno
Encuentra el sentido y el propósito

Semana 8: Sesión de cierre
- Concluir la sesión grupal preguntando qué fue lo más útil de acuerdo con su experiencia.
- Permitir que los miembros del grupo compartan sus próximos pasos.
- Acordar cómo o si los participantes continuarán comunicándose.
- Solicitar cualquier información administrativa (p. ej., datos de contacto, encuestas).

Presentación del grupo y reglas

Si utilizas este material en grupo, permite que los miembros del grupo se presenten y debatan las reglas del grupo.

Presentación del grupo

- Nombre
- Lugar (si la reunión es virtual)
- Discapacidad y fecha de inicio
- Cualquier otra cosa que desees que el grupo sepa

Reglas del grupo

Si eliges emprender este viaje con un grupo, adopta las siguientes reglas para que todos se sientan seguros de compartir su historia.

- Mantén la confidencialidad. Lo que se hable en el grupo se queda en el grupo. A menudo, una de las mayores pérdidas después de una discapacidad es la privacidad. Hagamos de este grupo un lugar seguro.

- Decide sobre otras reglas de confidencialidad, si lo deseas. Por ejemplo, ¿se comunicarán o se reconocerán fuera del grupo? ¿En las redes sociales?

- Escucha a los demás, evita interrumpir y toma turnos para hablar.

- Habla sin juzgar a los demás.

- Entiende que este es un grupo de apoyo educativo. No es terapia ni consejería.

- Siéntete libre de expresar tus creencias, pero no presiones a otros para que mantengan el mismo punto de vista.

- Si una persona dice que le gustaría dañarse a sí misma o a otra persona, o que sufre malos tratos, es posible que el facilitador deba comunicarse con las autoridades correspondientes.

Referencias

Center for Substance Abuse Treatment. 2014. *Trauma-Informed Care in Behavioral Health Services*. Rockville, MD: Substance Abuse and Mental Health Administration. https://www.ncbi.nlm.nih.gov/books/NBK207191/

Ergenbright, Dana, Stacey Conard y Mary Crickmore. 2021. *Healing the Wounds of Trauma: How the Church Can Help (Stories from North America), Facilitator Guide for Healing Groups 2021 Edition*. Philadelphia: American Bible Society.

Frankl, Viktor. 1992. *Man's Search for Meaning: An Introduction to Logotherapy*. Boston: Beacon Press.

Koteskey, Ron y Marty Seitz. "Stewardship of Self for Christian Workers: Stress". Missionary Care. Consultado el 13 de octubre de 2023. https://missionarycare.com/stewardship-stress.html.

Lozeron, Nathan. "Man's Search for Meaning by Viktor Frankl". Video. *Productivity Game*, 25 de julio de 2019. https://youtu.be/YYBg9_069gg?si=gP52CbIvuBrWJ9k3.

Merriam-Webster Dictionary. "Hope". Consultado el 10 de septiembre de 2023. https://www.merriam-webster.com/dictionary/hope.

Salisque, Adrian. "Rueda de las palabras de emociones". Consultado el 27 de septiembre de 2023. http://adriansilisque.com/emociones-basicas-y-una-rueda-de-palabras-emocionales/

Smith, Jenny. 2024. "El Puente de la Transición". Adaptación de un gráfico inédito de David C. Pollock.

Smith, Jenny. 2024. "La experiencia de la transición". Adaptación de un gráfico inédito de David C. Pollock.

Smith, Jenny. 2021. *Live the Impossible: How a Wheelchair Has Taken Me Places I Never Dared to Imagine.* Louisville, KY: Significant Publications.

Wilson, Reagon y David Kronbach. 2010. Tender Care. Elkhorn, WI: Barnabas Books.

Sobre la autora

A los dieciséis años, Jenny sufrió una lesión de la médula espinal C6-7 que la dejó paralizada del pecho hacia abajo. Después de completar su maestría con orientación psicológica, distribuyó sillas de ruedas durante ocho años en países en desarrollo. Durante más de trece años, apoyó a trabajadores transculturales que servían en el extranjero.

Al brindar acompañamiento a personas con lesiones medulares y enfermedades crónicas, Jenny espera apoyar y alentar a otros en su salud emocional, física y espiritual mientras se adaptan a la vida con una discapacidad. En su sitio web JennySmithRollsOn.com, proporciona material educativo, soluciones prácticas, recursos y esperanza para que las personas puedan vivir una vida plena y productiva.

Jenny se mantiene físicamente activa remando en el río Ohio con Louisville Adaptive Rowing. Leer ficción histórica y escribir son otros pasatiempos que disfruta.

En su libro *Live the Impossible*, Jenny cuenta su historia de cómo vive con una lesión de la médula espinal y comparte el mensaje de que todos podemos vivir lo imposible incluso cuando la vida no sale según lo planeado.

   Sitio web: JennySmithRollsOn.com
   YouTube: youtube.com/JennySmithRollsOn
   Facebook: facebook.com/JennySmithRollsOn
   Instagram: instagram.com/jenny.smith.rolls.on
   LinkedIn: linkedin.com/in/jenny-smith-rolls-on

www.ingramcontent.com/pod-product-compliance
Lightning Source LLC
Chambersburg PA
CBHW042353070526
44585CB00028B/2917